I 50 Personaggi più Influenti della Storia:

La Vita e l'Eredità delle Persone che Hanno Plasmato il Mondo

Arthur William Gertz

"Il pensiero è il potere più potente che esista nell'universo; è la fonte di tutte le grandi azioni, e le grandi azioni sono la fonte di tutte le grandi conquiste". - **Swami Vivekananda**

Contenuto

Prefazione

In questo affascinante viaggio storico, ti invito a immergerti nelle vite e nell'eredità dei 50 Personaggi Storici che hanno Trasformato il Mondo. Preparati ad essere affascinato, ispirato e meravigliato dalle figure più influenti di tutti i tempi.

Dai visionari rivoluzionari ai leader instancabili, dalle brillanti menti scientifiche agli artisti innovativi, questa collezione ti condurrà attraverso i secoli e i continenti, svelando le affascinanti storie di coloro che hanno sfidato le convenzioni e lasciato un'impronta indelebile nella storia dell'umanità. Esplorando le loro vite, scoprirai le passioni e i sacrifici che li hanno spinti avanti, superando avversità apparentemente insormontabili nella loro ricerca di un mondo migliore.

I loro successi trascendono il tempo e le culture, abbracciando campi così diversi come la scienza, l'arte, la politica, la filosofia e molto altro.

Ogni pagina ti farà testimone di come questi uomini e donne straordinari abbiano sfidato le norme stabilite, affrontato le avversità e scatenato una cascata di trasformazioni nei loro rispettivi campi. Il loro lascito ci ispira tutti a guardare oltre il possibile, perseguire i nostri sogni con passione e lottare per un mondo più giusto ed equo.

Introduzione

In questo libro intitolato "Le 50 persone che hanno cambiato il mondo", intraprendiamo un viaggio emozionante attraverso la storia per scoprire l'impatto di alcune delle figure più influenti di tutti i tempi. In queste pagine esploriamo le vite e i contributi di visionari la cui eredità ha lasciato un segno indelebile nella nostra società.

È fondamentale riconoscere l'importanza di evidenziare i contributi individuali alla storia. Spesso si tende a concentrarsi su eventi e movimenti collettivi, dimenticando che sono le azioni e le idee di individui coraggiosi a guidare il cambiamento. Questi 50 personaggi incarnano questo coraggio e questa determinazione, sfidando le norme consolidate, rompendo le barriere e trasformando il mondo in cui viviamo ancora oggi.

Esplorando le loro vite, scopriremo come ognuno di loro abbia superato ostacoli insormontabili, sia scientifici che politici, sociali o culturali. I loro successi hanno superato i limiti del loro tempo e continuano a ispirare le generazioni a venire. Grazie al loro ingegno, alla loro passione e alla loro dedizione, questi celebri individui sono diventati veri e propri agenti del cambiamento, guidando il progresso e lasciando un'eredità duratura.

Gesù di Nazareth

Gesù di Nazareth è una figura centrale della storia mondiale e il fondamento del cristianesimo. E considerato da grandi e piccoli come l'uomo più influente di tutti i tempi.

Contesto storico e biografia:

Gesù di Nazareth nacque intorno al 4 a.C. nella regione della Giudea, che faceva parte dell'Impero Romano. La maggior parte dei dettagli della sua vita provengono dai vangeli del Nuovo Testamento della Bibbia, scritti dai suoi seguaci e da altri scritti storici dell'epoca. Gesù crebbe in una famiglia ebraica e visse in una società influenzata sia dalla religione ebraica sia dall'occupazione romana.

Influenze ed esperienze chiave nella sua vita:

Gesù fu profondamente influenzato dalla tradizione religiosa ebraica e si ritiene che abbia studiato le Scritture e gli insegnamenti dei profeti fin dall'infanzia. All'età di trent'anni iniziò il suo ministero pubblico, predicando un messaggio di amore, perdono, giustizia e salvezza in tutto Israele. Gesù aveva un seguito di devoti e compì numerosi miracoli, come guarire i malati e risuscitare i morti.

Contributi e risultati che hanno avuto un impatto sul mondo:

Il principale contributo di Gesù è stata la fondazione del cristianesimo, una delle religioni più influenti della storia dell'umanità. I suoi insegnamenti, come l'amore per il prossimo, il perdono e la promessa di vita eterna, hanno avuto un impatto duraturo sulla morale e sull'etica occidentale. Gesù ha anche istituito i sacramenti cristiani, come il battesimo e l'Eucaristia, che rimangono tuttora centrali nella pratica religiosa cristiana.

Eredità e impatto duraturo:

L'eredità di Gesù ha superato i secoli e continua ad avere un impatto significativo sulla civiltà occidentale e su molte parti del mondo. Il cristianesimo è diventato una delle religioni più diffuse e praticate a livello globale. I suoi insegnamenti sull'amore, la compassione e l'uguaglianza hanno ispirato innumerevoli persone nel corso della storia e sono stati fondamentali per la lotta per la giustizia sociale e i diritti umani. Inoltre, la figura di Gesù è stata oggetto di culto, studio teologico e rappresentazione artistica in varie forme nel corso dei secoli.

È importante ricordare che, al di là del credo religioso, Gesù di Nazareth ha avuto un profondo impatto culturale, filosofico ed etico sull'umanità e la sua figura continua a essere oggetto di riflessione e dibattito anche oggi.

Il cristianesimo è una delle più grandi religioni del mondo e conta un gran numero di seguaci in diverse denominazioni. Di seguito, fornirò una stima approssimativa del numero totale di aderenti al cristianesimo, tenendo conto sia dei cattolici che dei protestanti:

Cattolicesimo: secondo le statistiche più recenti, la Chiesa cattolica è la più grande confessione cristiana con circa 1,4 miliardi di fedeli in tutto il mondo.

Protestantesimo: il protestantesimo comprende un'ampia varietà di denominazioni, tra cui luterani, battisti, metodisti, presbiteriani, pentecostali e altri. Queste denominazioni protestanti contano complessivamente circa 800 milioni di seguaci, che in definitiva nutrono un profondo amore per la figura di Gesù di Nazareth.

In sintesi, sommando i seguaci cattolici e protestanti, si stima che il cristianesimo abbia circa 2,5 miliardi di aderenti in tutto il mondo. Inoltre, si stima che, nel corso della storia, sarebbero morti altri due miliardi di persone che condividevano i suoi insegnamenti. Per questo e altro ancora, Gesù è la figura storica più influente della storia.

Maometto

Maometto, il cui nome completo è Muhammad Ibn Abd Allah, nacque intorno al 570 alla Mecca, nella regione dell'attuale Arabia Saudita. È considerato l'ultimo e principale profeta dell'Islam. Maometto ricevette rivelazioni divine attraverso l'angelo Gabriele, che furono poi raccolte nel Corano, il libro sacro dell'Islam. La sua vita e i suoi insegnamenti diedero origine alla religione islamica e, successivamente, alle sue numerose ramificazioni.

Mogli e vita intima:

Maometto ebbe più mogli durante la sua vita. Si stima che abbia sposato circa 11-13 donne, ma il numero esatto varia nelle diverse fonti storiche. Aisha, una delle sue mogli, ha svolto un ruolo importante nella trasmissione degli Hadith (resoconti dei detti e delle azioni di Maometto) ed è considerata una figura di spicco dell'Islam.

Fatti divertenti ed esperienze chiave della sua vita:

Durante la sua vita, Maometto affrontò diverse sfide e persecuzioni a causa della sua predicazione e del suo invito ad adorare un unico Dio, l'Islam. Nel 622, Maometto e i suoi seguaci migrarono dalla Mecca a Medina, un evento noto come Egira. Questo evento segnò l'inizio del calendario islamico e il rafforzamento della comunità musulmana.

Contributi e risultati che hanno avuto un impatto sul mondo:

Maometto ha gettato le basi dell'Islam, una delle religioni più diffuse al mondo, con miliardi di seguaci oggi. I suoi insegnamenti coprono aspetti religiosi, etici e legali e hanno avuto un profondo impatto sulla cultura, sulla società e sulla politica di molte regioni.

Eredità e impatto duraturo:

L'eredità di Maometto è di grande importanza per i musulmani, che lo considerano l'ultimo e più importante profeta inviato da Dio. Il suo insegnamento e il suo esempio sono fondamentali per la pratica dell'Islam. Inoltre, la diffusione dell'Islam sotto la sua guida ha avuto un impatto significativo sulla storia del mondo, influenzando aspetti politici, sociali e culturali in varie regioni.

La religione dell'Islam, fondata da Maometto nel VII secolo d.C., conta attualmente circa 1,8 miliardi di seguaci in tutto il mondo. È una delle religioni più diffuse e ha una base significativa di aderenti in diversi Paesi e regioni del mondo, soprattutto in Medio Oriente, Nord Africa, Sud-Est asiatico e parti dell'Europa.

Nel corso della sua storia, l'Islam ha conosciuto una crescita costante e ha avuto anche periodi di significativa espansione. Dalla sua fondazione a oggi, si stima che abbia avuto più di 4 miliardi di persone. Pertanto, il suo impatto è stato significativo nella storia del mondo. Per questo motivo Maometto è la seconda persona più influente della storia.

Gautama Buddha

Gautama, noto anche come Buddha, è stato il fondatore del buddismo e una delle figure più influenti della storia umana.

Contesto storico e biografia:

Gautama Buddha visse nel VI secolo a.C. nella regione nord-orientale dell'India, nell'attuale Nepal. Nato da una famiglia nobile, in gioventù condusse una vita agiata e privilegiata. Tuttavia, all'età di 29 anni, abbandonò la sua vita di ricchezza e lusso per intraprendere una ricerca spirituale alla ricerca della verità e della liberazione dalla sofferenza umana.

Vita intima e fatti divertenti:

Gautama Buddha abbandonò la sua vita familiare e rinunciò alle sue responsabilità di marito e padre nella sua ricerca spirituale. Trascorse diversi anni praticando l'austerità e la meditazione, alla ricerca dell'illuminazione. Durante questo periodo, si dice che abbia raggiunto lo stato di Buddha, che significa "l'illuminato".

Influenze ed esperienze chiave nella sua vita:

L'influenza principale sulla vita del Buddha fu l'incontro con la sofferenza umana e il desiderio di trovare una soluzione per alleviarla. La sua esperienza di testimone della sofferenza, della malattia e della morte, risvegliò in lui una profonda compassione e una ricerca della verità al di là degli insegnamenti religiosi e filosofici convenzionali del suo tempo.

Contributi e risultati che hanno avuto un impatto sul mondo:

Gautama Buddha ha fondato il Buddismo, una tradizione spirituale e filosofica basata sui suoi insegnamenti sulla sofferenza umana e sul cammino verso la liberazione e l'illuminazione. I suoi insegnamenti si concentrano sul "Nobile Ottuplice Sentiero", che comprende pratiche come la giusta comprensione, il giusto pensiero, la giusta azione e la meditazione.

Il Buddha trasmise i suoi insegnamenti a un ampio spettro di persone, da monaci e monache a re e mendicanti. Il suo messaggio di compassione, saggezza e libertà dalla sofferenza risuonò profondamente con coloro che cercavano una risposta alle sfide dell'esistenza umana.

Eredità e impatto duraturo:

L'eredità del Buddha è immensa. Il suo insegnamento del buddismo si è diffuso nei secoli e ha influenzato milioni di persone in tutto il mondo. Il buddismo ha lasciato un segno profondo nella cultura, nella filosofia e nella spiritualità mondiale.

L'attenzione del Buddha per la compassione, la non violenza e la ricerca dell'illuminazione interiore ha ispirato numerosi individui e ha dato vita a movimenti sociali e filosofici basati sui suoi insegnamenti. Inoltre, il Buddismo ha influenzato altre tradizioni spirituali e ha promosso il dialogo interreligioso e la ricerca di pace e armonia.

Diffusione globale: nel corso dei secoli, il buddismo si è diffuso oltre i confini dell'India in diverse parti dell'Asia, tra cui Cina, Giappone, Tibet, Sri Lanka e Vietnam. Oggi è praticato anche in diverse comunità dell'Occidente.

Enfasi sulla meditazione: il Buddha enfatizzò la pratica della meditazione come mezzo per coltivare la consapevolezza e la comprensione profonda della mente e della realtà. La sua attenzione alla meditazione ha influenzato molte tradizioni e approcci contemporanei alla meditazione.

La ricerca dell'illuminazione: L'idea centrale del Buddismo è la ricerca dell'illuminazione o del risveglio spirituale. Buddha ha insegnato che chiunque può raggiungere questo stato attraverso la comprensione delle Quattro Nobili Verità e seguendo il Nobile Ottuplice Sentiero.

Etica e moralità: gli insegnamenti del Buddha sottolineano anche l'importanza di vivere una vita etica e morale. Il concetto di "karma" e la comprensione delle azioni e delle loro conseguenze sono fondamentali per il Buddismo.

La filosofia dell'impermanenza: il Buddha insegnava che tutto nella vita è transitorio e soggetto a cambiamenti. Questa visione dell'impermanenza ha influenzato il modo in cui le persone percepiscono la realtà e come affrontano le sfide e i cambiamenti nella loro vita.

In sintesi, Gautama Buddha è stato un leader spirituale i cui insegnamenti hanno avuto un profondo impatto sulla spiritualità, sulla filosofia e sulla cultura globale. La sua enfasi sulla compassione, la saggezza e la liberazione dalla sofferenza ha risuonato nei secoli e continua a ispirare milioni di persone nella loro ricerca di una vita significativa e appagante. Con una stima di 500 milioni di persone oggi e di un miliardo di persone morte nel corso della storia, Buddha è la terza persona più influente della storia.

Albert Einstein

Albert Einstein è stato un fisico teorico tedesco di origine ebraica, nato il 14 marzo 1879 a Ulm, in Germania. Il suo lavoro ha rivoluzionato la nostra comprensione del tempo, dello spazio, della gravità e dell'energia ed è considerato uno degli scienziati più influenti della storia.

Per quanto riguarda la sua vita privata, Einstein si sposò due volte. La prima moglie fu Mileva Marić, dalla quale ebbe tre figli, mentre la seconda fu Elsa Löwenthal. Per quanto riguarda la sua vita intima e i dettagli specifici sulla sua sessualità, non sono disponibili documenti dettagliati e Einstein mantenne una stretta riservatezza su questi argomenti.

Alcune curiosità su Einstein sono la sua passione per il violino e la sua passione per la vela. Si dice anche che avesse i capelli disordinati e che gli sia stata spesso attribuita la frase "L'immaginazione è più importante della conoscenza".

Tra le influenze e le esperienze più importanti nella vita di Einstein vi sono gli studi di fisica all'Università di Zurigo, dove si laureò nel 1900. Durante il periodo trascorso presso l'Ufficio Brevetti svizzero, pubblicò diversi articoli scientifici rivoluzionari, tra cui il famoso documento sulla teoria della relatività speciale nel 1905.

I contributi e i risultati di Einstein che hanno avuto un impatto sul mondo sono numerosi. La sua teoria della relatività speciale e la sua famosa equazione $E = mc^2$ hanno cambiato la nostra comprensione del rapporto tra energia e massa e hanno gettato le basi per lo sviluppo della fisica moderna. La sua teoria della relatività generale, pubblicata nel 1915, ha fornito una nuova descrizione della gravità e ha previsto l'esistenza dei buchi neri.

L'eredità e l'impatto duraturo di Einstein sono enormi. Le sue idee e le sue scoperte hanno trasformato la nostra comprensione dell'universo e hanno avuto applicazioni pratiche in campi come la tecnologia satellitare, l'energia nucleare e la cosmologia. Inoltre, Einstein è stato un sostenitore del pacifismo e si è battuto per l'uguaglianza e i diritti civili. La sua influenza va oltre la scienza, essendo un simbolo di genio e creatività che ispira generazioni di scienziati e pensatori.

Abraham Lincoln

È stato il 16° Presidente degli Stati Uniti, nato il 12 febbraio 1809 a Hodgenville, nel Kentucky. Il suo mandato presidenziale si svolse durante un periodo cruciale della storia americana: la Guerra Civile (1861-1865) e l'abolizione della schiavitù.

Per quanto riguarda la sua vita privata, Lincoln sposò Mary Todd nel 1842 e insieme ebbero quattro figli. Per quanto riguarda la sua vita intima e i dettagli della sua sessualità, non ci sono documenti disponibili che indichino che Lincoln abbia avuto relazioni romantiche o sessuali con persone dello stesso sesso, anche se ci sono state alcune speculazioni e teorie al riguardo.

Una curiosità su Lincoln è che era noto per la sua statura, circa 1,93 metri. Era anche un abile oratore e gli viene attribuito il discorso più famoso della sua carriera politica, il Discorso di Gettysburg.

Le influenze e le esperienze chiave nella vita di Lincoln includono la sua umile educazione in una famiglia di agricoltori, la sua autoformazione e il suo coinvolgimento nella politica. Prima di diventare presidente, Lincoln esercitò la professione di avvocato e si impegnò nella politica dello Stato dell'Illinois.

I contributi e i risultati di Lincoln che hanno avuto un impatto sul mondo sono significativi. Come presidente, guidò gli Stati Uniti attraverso la Guerra Civile e giocò un ruolo cruciale nel preservare l'Unione e abolire la schiavitù. È ricordato per il Proclama di emancipazione del 1863, che dichiarò la libertà degli schiavi negli Stati ribelli, ponendo le basi per l'abolizione totale della schiavitù negli Stati Uniti.

L'eredità e l'impatto duraturo di Lincoln sono vasti. La sua leadership durante la Guerra Civile e la sua lotta per l'uguaglianza razziale e la giustizia sono state fondamentali per la storia degli Stati Uniti. La sua immagine e i suoi ideali sono diventati simboli di libertà e democrazia. Inoltre, il suo assassinio nel 1865 lo ha reso un martire nazionale e ha contribuito alla sua venerazione come uno dei presidenti più importanti della storia americana.

Leonardo da Vinci

Leonardo è stato uno dei principali polimatici italiani del Rinascimento, noto per le sue abilità in pittura, scultura, architettura, musica, anatomia e ingegneria.

Contesto storico e biografia:

Leonardo da Vinci nacque il 15 aprile 1452 a Vinci, in Italia. Visse in un'epoca di grande effervescenza artistica e scientifica, nota come Rinascimento. Da Vinci fu apprendista nella bottega del pittore Andrea del Verrocchio e sviluppò un proprio stile artistico caratterizzato da realismo, profondità e padronanza tecnica.

Vita intima e fatti divertenti:

Non si sa se Leonardo da Vinci abbia avuto moglie o figli. Sebbene si conoscano pochi dettagli sulla sua vita intima, si ritiene che fosse omosessuale, sulla base di alcuni suoi scritti e disegni personali. Oltre alle sue eccezionali capacità artistiche, si dedicò anche all'anatomia e realizzò numerosi studi dettagliati del corpo umano.

Influenze ed esperienze chiave della sua vita:

Da Vinci fu influenzato dall'ambiente culturale del Rinascimento italiano e dalle figure di spicco del suo tempo, tra cui i pittori Andrea del Verrocchio e Sandro Botticelli. Inoltre, la sua curiosità e la sua mente curiosa lo portarono a studiare un'ampia varietà di discipline, dall'anatomia all'ingegneria e all'astronomia.

Contributi e risultati che hanno avuto un impatto sul mondo:

Leonardo da Vinci ha lasciato un'eredità impressionante sia in campo artistico che scientifico. I suoi dipinti più famosi, come "L'ultima cena" e "La Gioconda", hanno lasciato un segno indelebile nella storia dell'arte. Le sue opere hanno dimostrato una padronanza tecnica senza precedenti e un approccio innovativo all'uso della prospettiva e alla rappresentazione della figura umana.

Oltre al suo contributo artistico, da Vinci fece numerose scoperte e progetti in campi come l'anatomia, la fisica, l'ingegneria e l'architettura. I suoi taccuini contengono una grande quantità di schizzi e idee innovative, da progetti di macchine volanti a studi dettagliati sull'anatomia umana.

Eredità e impatto duraturo:

L'eredità di Leonardo da Vinci nella storia dell'arte e della scienza è innegabile. Il suo approccio multidisciplinare e la sua capacità di combinare la creatività artistica con l'osservazione scientifica hanno gettato le basi per il Rinascimento e per i successivi progressi in campi come l'anatomia, l'ingegneria e l'astronomia.

La sua visione interdisciplinare e la sua insaziabile curiosità continuano a ispirare artisti e scienziati ancora oggi. Da Vinci ha dimostrato l'importanza di combinare la creatività con le conoscenze scientifiche per ottenere progressi significativi in diversi campi.

Mahatma Gandhi

È stato un leader politico e spirituale indiano, noto per il suo ruolo nella lotta per l'indipendenza dell'India e per la sua difesa della non violenza.

Contesto storico e biografia:

Mohandas Karamchand Gandhi è nato il 2 ottobre 1869 a Porbandar, una città dello Stato del Gujarat, in India. Cresciuto in una famiglia indù, Gandhi ha studiato legge a Londra. Dopo essere tornato in India, Gandhi divenne un leader politico e un sostenitore dei diritti civili, guidando movimenti non violenti e campagne per l'indipendenza dell'India dal dominio britannico.

Moglie e vita intima:

Gandhi sposò Kasturba Makhanji all'età di 13 anni con un matrimonio combinato. Kasturba fu una fedele compagna di Gandhi e divenne anche un'attivista per i diritti civili. Insieme ebbero quattro figli, ma la loro vita familiare fu segnata dalle esigenze della lotta politica e della vita comunitaria.

Influenze ed esperienze chiave nella sua vita:

Gandhi fu influenzato da diverse filosofie e religioni, tra cui l'induismo, il giainismo, il cristianesimo e gli insegnamenti di personaggi come Henry David Thoreau e Leo Tolstoj. La discriminazione razziale subita in Sudafrica e l'incontro con il movimento per i diritti civili furono esperienze fondamentali che lo portarono a sviluppare la sua filosofia di resistenza non violenta e disobbedienza civile.

Contributi e risultati che hanno avuto un impatto sul mondo:

Gandhi è noto per aver guidato la lotta per l'indipendenza dell'India utilizzando tattiche di resistenza non violenta. La sua filosofia del "Satyagraha" (fermezza nella verità) divenne un potente metodo per combattere l'ingiustizia e l'oppressione. Gandhi organizzò campagne di disobbedienza civile, boicottaggi delle merci britanniche e scioperi della fame per promuovere la libertà e i diritti civili.

Eredità e impatto duraturo:

L'eredità di Gandhi ha lasciato un segno profondo nella storia e nella politica mondiale. La sua attenzione alla non violenza e alla resistenza pacifica ha influenzato leader e movimenti di tutto il mondo, come Martin Luther King Jr. e Nelson Mandela. Gandhi sosteneva anche l'uguaglianza sociale, la giustizia economica e l'armonia religiosa. La sua visione di un'India indipendente e unita divenne realtà nel 1947, quando il Paese ottenne l'indipendenza.

L'eredità di Gandhi trascende il suo ruolo nell'indipendenza dell'India. La sua filosofia e i suoi metodi di non violenza continuano a ispirare la lotta per i diritti umani, la giustizia sociale e la pace in tutto il mondo. Gandhi è riconosciuto a livello internazionale come un'icona della resistenza pacifica e il suo messaggio di amore, tolleranza e compassione continua a risuonare ancora oggi.

Inoltre, Gandhi ha sostenuto l'uguaglianza di genere e l'emancipazione delle donne, lottando per la loro piena partecipazione alla società. Ha anche sostenuto la protezione dell'ambiente e la sostenibilità, riconoscendo l'interconnessione tra l'uomo e la natura.

In breve, il Mahatma Gandhi ha lasciato un'eredità significativa nella storia, guidando la lotta pacifica per l'indipendenza dell'India e promuovendo la non violenza come forma efficace di resistenza contro sistemi iniqui e tirannici. Il suo messaggio di amore, tolleranza, giustizia sociale e resistenza pacifica rimane attuale e la sua figura è ammirata come simbolo della lotta per la libertà e la pace in tutto il mondo.

Martin Luther King Jr.

È stato un importante leader del movimento per i diritti civili negli Stati Uniti.

Contesto storico e biografia:

Martin Luther King Jr. è nato il 15 gennaio 1929 ad Atlanta, in Georgia, durante un periodo di segregazione e discriminazione razziale negli Stati Uniti. Era un pastore battista e divenne un importante sostenitore dei diritti civili, guidando numerose proteste pacifiche per combattere l'ingiustizia e la segregazione razziale.

Vita intima e fatti divertenti:

Martin Luther King Jr. sposò Coretta Scott King nel 1953 e insieme ebbero quattro figli. Sebbene sia noto soprattutto per la sua leadership nel movimento per i diritti civili, fu anche un padre devoto e un marito impegnato.

Influenze ed esperienze chiave nella sua vita:

L'infanzia e l'educazione di King nel Sud americano segregato, così come gli insegnamenti del padre e della madre, hanno influenzato la sua visione di uguaglianza e giustizia. Fu anche influenzato dall'attivismo di figure come il Mahatma Gandhi e Henry David Thoreau, che promuovevano la resistenza pacifica e la disobbedienza civile come mezzi per il cambiamento sociale.

Contributi e risultati che hanno avuto un impatto sul mondo:

Martin Luther King Jr. è stato il principale leader del movimento per i diritti civili negli Stati Uniti. Il suo famoso discorso "I Have a Dream" durante la Marcia su Washington del 1963 è diventato un simbolo della lotta per l'uguaglianza razziale e la giustizia. La sua lotta non violenta e la sua difesa dei diritti civili ispirarono milioni di persone e furono determinanti per l'approvazione di importanti leggi come il Civil Rights Act del 1964 e il Voting Rights Act del 1965.

Eredità e impatto duraturo:

L'eredità di Martin Luther King Jr. continua a vivere nella lotta per l'uguaglianza e la giustizia in tutto il mondo. Il suo coraggio e la sua leadership pacifica sono stati fonte di ispirazione per i movimenti sociali e i leader di diverse cause. La sua attenzione alla non violenza, alla giustizia e all'amore fraterno continua a risuonare nella lotta per i diritti umani.

Inoltre, King ha anche sostenuto l'eliminazione della povertà e la promozione dell'uguaglianza economica, e il suo messaggio sull'interconnessione delle lotte per la razza, la classe e la giustizia sociale rimane attuale.

In breve, Martin Luther King Jr. è stato un leader carismatico e pacifista il cui impegno per l'uguaglianza razziale e la giustizia sociale ha avuto un impatto significativo sulla lotta per i diritti civili negli Stati Uniti. La sua eredità di resistenza non violenta e la sua visione di un mondo più giusto continuano a ispirare le generazioni di oggi nella loro ricerca di uguaglianza e giustizia.

Confucio

Il suo vero nome era Kong Qiu, filosofo ed educatore cinese vissuto durante la dinastia Zhou nel V secolo a.C..

Contesto storico e biografia:

Confucio nacque nel 551 a.C. nella città di Qufu, nell'attuale provincia di Shandong, in Cina. Visse in un periodo di sconvolgimenti politici e sociali, noto come Periodo dei Regni Combattenti, caratterizzato da guerre e frammentazione politica. Confucio si adoperò per ripristinare l'armonia sociale e promuovere la stabilità attraverso l'etica e l'educazione.

Vita intima e fatti divertenti:

Poco si sa della vita intima di Confucio. Si sposò ed ebbe diversi figli, ma non si conoscono dettagli specifici sulla sua vita familiare o sentimentale. Confucio si concentrò sui suoi studi e sulla sua missione di trasmettere gli insegnamenti ai suoi discepoli e alle generazioni future.

Influenze ed esperienze chiave nella sua vita:

Confucio fu influenzato dalle antiche tradizioni e filosofie cinesi, come il confucianesimo e il taoismo. Studiò e trasse ispirazione anche dalle pratiche sociali e politiche dell'epoca, cercando modi per migliorare la società attraverso la moralità e la rettitudine.

Contributi e risultati che hanno avuto un impatto sul mondo:

Gli insegnamenti di Confucio, raccolti nel libro noto come gli Analetti, si concentrano sull'etica, la morale e la virtù personale. Egli sosteneva l'importanza di relazioni familiari armoniose, della lealtà verso il governo e del rispetto per gli anziani. La sua influenza sull'educazione e sulla formazione morale ha resistito per secoli nella cultura cinese.

Eredità e impatto duraturo:

L'eredità di Confucio ha avuto un impatto significativo sulla società cinese e su molte altre culture dell'Asia orientale. I suoi insegnamenti sono diventati la base del confucianesimo, una filosofia che ha influenzato per secoli la politica, la morale e l'educazione in Cina. Le sue idee sull'armonia sociale, la virtù e l'etica continuano a essere studiate e dibattute ancora oggi.

Inoltre, gli insegnamenti di Confucio hanno influenzato la formazione dei sistemi educativi e la promozione dei valori morali in varie società. La sua enfasi sulla rettitudine, il rispetto e la saggezza ha lasciato un'impronta duratura sul pensiero e sulla cultura in tutto il mondo.

Winston Churchill

È stato un politico e leader britannico durante la Seconda Guerra Mondiale.

Contesto storico e biografia:

Winston Churchill è nato il 30 novembre 1874 a Woodstock, nell'Oxfordshire, Regno Unito. Visse in un periodo di grandi cambiamenti geopolitici, tra cui l'ascesa dell'imperialismo britannico e le sfide politiche delle due guerre mondiali. Durante la sua vita Churchill ricoprì numerosi incarichi politici, tra cui quello di Primo Ministro del Regno Unito per due volte.

Vita intima e fatti divertenti:

Churchill sposò Clementine Hozier nel 1908 e insieme ebbero cinque figli. Anche se ci sono pochi dettagli sulla sua vita intima, si sa che Churchill era uno scrittore prolifico e un appassionato pittore. Inoltre, Churchill era noto per la sua passione per i sigari e per il suo gusto per il whisky.

Influenze ed esperienze chiave nella sua vita:

Churchill crebbe in un ambiente politico, poiché anche suo padre era un politico. Le sue esperienze nell'esercito e il suo coinvolgimento nella Prima guerra mondiale gli diedero una visione unica delle sfide e dei pericoli della guerra. Fu anche influenzato dalla storia e dalla letteratura e acquisì una profonda comprensione della politica e della strategia.

Contributi e risultati che hanno avuto un impatto sul mondo:

Durante la Seconda Guerra Mondiale, Churchill fu una figura chiave nella resistenza britannica contro la Germania nazista. I suoi discorsi ispiratori e la sua ferma leadership diedero speranza al popolo britannico in tempi difficili. Inoltre, Churchill ebbe un ruolo cruciale nella formazione della coalizione alleata e nella pianificazione strategica della guerra.

Eredità e impatto duraturo:

L'eredità di Churchill risiede nella sua leadership durante la Seconda guerra mondiale e nel suo ruolo di difesa dei valori democratici. I suoi discorsi e la sua determinazione hanno lasciato un'impronta duratura nella storia. Churchill si è distinto anche per la sua visione geopolitica e per il suo sostegno alla cooperazione internazionale, che ha contribuito alla formazione di organizzazioni come le Nazioni Unite.

Inoltre, Churchill ha ricevuto il Premio Nobel per la Letteratura nel 1953 per la sua maestria nell'oratoria e nella scrittura storica. Le sue opere letterarie, come "La seconda guerra mondiale" e "Storia dei popoli di lingua inglese", sono state ampiamente lette e studiate. In breve, Winston Churchill è stato un eccezionale leader politico britannico, la cui leadership durante la Seconda Guerra Mondiale e i suoi contributi alla difesa dei valori democratici hanno lasciato un'eredità duratura. La sua fermezza, la sua oratoria ispirata e il suo impegno per la pace e la cooperazione internazionale rimangono esempi rilevanti anche oggi.

Alessandro Magno

Noto anche come Alessandro III di Macedonia, è stato un importante leader militare e politico vissuto nel IV secolo a.C..

Contesto storico e biografia:

Alessandro Magno nacque il 20 luglio 356 a.C. a Pella, in Macedonia. Figlio del re Filippo II di Macedonia, ereditò il trono all'età di 20 anni, in seguito all'assassinio del padre. Il suo regno fu caratterizzato da una serie di campagne militari che portarono all'espansione dell'Impero macedone in Asia, fino all'Egitto e all'India.

Vita intima e fatti divertenti:

Per quanto riguarda la sua vita intima, Alessandro Magno si sposò tre volte. La prima moglie fu Roxana, una principessa bactriana, dalla quale ebbe un figlio di nome Alessandro IV. Gli vengono attribuite anche relazioni intime con uomini, che erano comuni nella cultura macedone dell'epoca.

Influenze ed esperienze chiave della sua vita:

La maggiore influenza sulla vita di Alessandro Magno fu il padre, Filippo II, che lo educò alle arti, alla filosofia e alla guerra. Inoltre, ricevette l'insegnamento del famoso filosofo greco Aristotele. Queste influenze gli fornirono un'educazione a tutto tondo e lo aiutarono a sviluppare capacità di leadership, strategia militare e pensiero politico.

Contributi e risultati che hanno avuto un impatto sul mondo:

Il più grande successo di Alessandro Magno fu la creazione di uno dei più grandi imperi della storia. La sua audace campagna militare conquistò gran parte del mondo conosciuto ai suoi tempi, dalla Grecia e dall'Egitto alla Persia, all'India e oltre. Le sue tattiche militari innovative e la sua capacità di unire le sue truppe lo resero uno dei leader militari di maggior successo della storia.

Eredità e impatto duraturo:

L'eredità di Alessandro Magno fu significativa sia dal punto di vista politico che culturale. La sua conquista diffuse la cultura ellenistica greca in tutto il suo impero, influenzando l'architettura, l'arte e la letteratura delle regioni conquistate. Inoltre, la sua eredità politica pose le basi per la nascita di regni ellenistici dopo la sua morte.

Alessandro Magno è ricordato anche come un leader visionario che cercò l'unificazione di culture diverse e la diffusione della conoscenza. Fondò numerose città, molte delle quali portavano il suo nome, come Alessandria d'Egitto, che divenne un importante centro culturale e commerciale.

Aristotele

Era un filosofo e scienziato greco vissuto nel IV secolo a.C..

Contesto storico e biografia:

Aristotele nacque nel 384 a.C. nella città di Stagira, nell'antica Macedonia. Fu discepolo di Platone e in seguito divenne precettore del giovane Alessandro Magno. Sviluppò i suoi insegnamenti e scrisse molto su una vasta gamma di argomenti, tra cui filosofia, etica, politica, logica, biologia e fisica.

Vita intima e fatti divertenti:

Per quanto riguarda la sua vita intima, Aristotele si sposò due volte. La prima moglie fu Pitia, con la quale ebbe una figlia di nome Pythias. Dopo essere rimasto vedovo, sposò una donna di nome Herpyllis, dalla quale ebbe un figlio di nome Nicomaco. Si sa anche che Aristotele fondò la sua scuola, il Liceo, dove insegnò e condusse ricerche.

Influenze ed esperienze chiave della sua vita:

Aristotele fu molto influenzato dal suo maestro, Platone, a sua volta discepolo di Socrate. La filosofia di Aristotele si basava sul pensiero di questi due grandi filosofi. Inoltre, il periodo trascorso come precettore di Alessandro Magno gli permise di fare esperienze di politica e di leadership, che influenzarono le sue idee sull'organizzazione della società.

Contributi e risultati che hanno avuto un impatto sul mondo:

I contributi di Aristotele sono vasti e coprono diversi campi del sapere. Fu uno dei primi a sviluppare un sistema logico formale e la sua opera "Organon" pose le basi della logica classica. I suoi scritti sull'etica e sulla politica, come "Etica Nicomachea" e "Politica", rimangono importanti riferimenti in questi campi.

Nel campo delle scienze naturali, Aristotele svolse indagini dettagliate e classificazioni in settori quali la biologia e la zoologia. Le sue opere, come la "Storia degli animali" e il "De Anima", gettarono le basi per lo studio sistematico della vita e della mente.

Eredità e impatto duraturo:

L'eredità di Aristotele è immensa e si è protratta nei secoli. I suoi insegnamenti e i suoi scritti sono stati continuamente studiati e dibattuti, influenzando campi come la filosofia, l'etica, la politica, la logica e le scienze naturali. Il suo approccio logico e sistematico ha avuto un impatto duraturo sul pensiero occidentale e ha posto le basi per molte discipline accademiche.

Inoltre, Aristotele fondò il Liceo, che divenne un importante centro di studio e di insegnamento. I suoi discepoli, noti come Peripatetici, continuarono la sua eredità e diffusero le sue idee.

Aristotele stabilì anche il metodo dell'osservazione sistematica e della classificazione nello studio della natura, gettando le basi per la successiva ricerca scientifica. I suoi contributi in biologia, zoologia e altre aree scientifiche hanno lasciato un segno duraturo nella comprensione del mondo naturale.

Isaac Newton

(1643-1727) è stato un importante scienziato, matematico e fisico inglese che ha dato contributi fondamentali nei campi della fisica, della matematica e dell'astronomia.

Contesto storico:

Isaac Newton visse in un'epoca conosciuta come l'Età dei Lumi e il Rinascimento scientifico. Nacque il 25 dicembre 1643 a Woolsthorpe, in Inghilterra, durante il regno di Carlo I. La sua vita e il suo lavoro si svolsero in un periodo di grandi cambiamenti intellettuali e scientifici.

Biografia:

Newton crebbe in una fattoria e dimostrò fin da giovane un grande talento per la matematica. Studiò all'Università di Cambridge e divenne professore al Trinity College. Durante la sua vita, Newton non si sposò mai ed è considerato uno scapolo.

Vita intima:

La vita personale di Newton è stata oggetto di speculazioni e dibattiti. Si sa che era un introverso e ossessionato dal suo lavoro scientifico. Trascorreva lunghe ore immerso nelle sue ricerche e nei suoi esperimenti, il che lo portava a trascurare altre aree della sua vita.

Fatti divertenti:

Newton ebbe un esaurimento nervoso in gioventù e si ritirò dalla vita pubblica per un certo periodo.

Era noto per la sua personalità difficile e per i suoi conflitti con altri scienziati dell'epoca, come Robert Hooke e Gottfried Leibniz.

Newton fu membro del Parlamento britannico per un breve periodo.

Oltre ai suoi contributi scientifici, Newton si interessò anche di alchimia e teologia.

Influenze ed esperienze chiave:

Newton fu influenzato dal lavoro di scienziati precedenti, come Galileo Galilei, Johannes Kepler e René Descartes. Queste influenze lo portarono a sviluppare la sua famosa teoria della gravitazione universale e le leggi del moto, che rivoluzionarono la fisica.

Contributi e risultati:

Formulò le leggi del moto, note come Leggi di Newton, che sono fondamentali per la fisica classica.

Sviluppò la teoria della gravitazione universale, spiegando l'attrazione tra i corpi celesti.

Fece importanti progressi in matematica, soprattutto nel calcolo differenziale e integrale.

Fu il primo a scomporre la luce bianca in uno spettro di colori utilizzando un prisma, gettando le basi dell'ottica moderna.

Eredità e impatto duraturo:

L'eredità di Isaac Newton è innegabile. Le sue scoperte hanno gettato le basi della fisica moderna e hanno trasformato la nostra comprensione del mondo naturale. Il suo approccio scientifico basato sull'osservazione, la sperimentazione e il ragionamento logico ha gettato le basi del metodo scientifico e ha influenzato generazioni di scienziati da allora. Le sue idee e teorie rimangono fondamentali in molti campi della scienza e il suo nome è associato al genio e alla rivoluzione scientifica.

Louis Pasteur

Nato il 27 dicembre 1822 a Dole, in Francia, e morto il 28 settembre 1895 a Marnes-la-Coquette, è stato uno scienziato e chimico noto per i suoi contributi alla microbiologia e alla medicina.

Per quanto riguarda la sua vita privata, Pasteur sposò nel 1849 Marie Laurent, dalla quale ebbe cinque figli. Per quanto riguarda la sua vita intima, non sono disponibili molti dettagli, poiché non è ampiamente documentata.

Pasteur visse in un contesto storico in cui la medicina e la scienza erano in rapido sviluppo. Fu influenzato dalla scoperta della teoria dei germi e dall'idea che i microrganismi fossero la causa di molte malattie. Le sue esperienze più importanti comprendono il lavoro sulla fermentazione, la vaccinazione e la sterilizzazione.

Tra i suoi contributi e risultati più importanti vi è lo sviluppo della tecnica della pastorizzazione, che ha permesso la conservazione degli alimenti e la prevenzione delle malattie trasmesse da alimenti contaminati. Sviluppò anche vaccini per malattie come la rabbia e l'antrace, gettando le basi della moderna immunizzazione.

L'eredità di Louis Pasteur è di grande importanza nel campo della medicina e della microbiologia. Le sue scoperte hanno rivoluzionato la comprensione delle malattie infettive e hanno gettato le basi per lo sviluppo della microbiologia moderna. Il suo approccio scientifico rigoroso e i suoi contributi alla medicina hanno salvato innumerevoli vite e hanno avuto un impatto duraturo sulla salute pubblica.

Inoltre, Pasteur è stato uno dei primi scienziati a riconoscere l'importanza della divulgazione scientifica e dell'applicazione pratica delle scoperte scientifiche a beneficio della società. Il suo lavoro e la sua dedizione alla scienza hanno lasciato un'eredità duratura e hanno gettato le basi per il progresso scientifico e medico in tutto il mondo.

Nelson Mandela

È stato un leader sudafricano e una figura emblematica della lotta contro l'apartheid.

Contesto storico e biografia:

Nelson Mandela è nato il 18 luglio 1918 a Mvezo, in Sudafrica. Visse in un periodo in cui il Sudafrica era segnato dalla discriminazione razziale e dalla politica dell'apartheid, un sistema di segregazione razziale istituzionalizzato. Mandela divenne un instancabile sostenitore dell'uguaglianza e della giustizia per tutti i sudafricani, indipendentemente dalla razza.

Vita intima e fatti divertenti:

Nelson Mandela si è sposato tre volte. La prima moglie fu Evelyn Mase, con la quale ebbe quattro figli. In seguito ha sposato Winnie Madikizela, dalla quale ha avuto due figlie. Il suo terzo matrimonio fu con Graça Machel, vedova dell'ex presidente del Mozambico, Samora Machel. Mandela è stato padre, nonno e bisnonno e la sua famiglia ha svolto un ruolo importante nella sua lotta e nella sua eredità.

Influenze ed esperienze chiave della sua vita:

L'esperienza di Mandela di crescere in un Sudafrica segregato e l'incontro con la discriminazione razziale hanno influenzato il suo impegno nella lotta per l'uguaglianza. La sua esperienza come leader dell'African National Congress (ANC), la sua detenzione per 27 anni e il suo rapporto con altri leader politici e attivisti per i diritti civili sono state esperienze fondamentali che hanno plasmato la sua determinazione e la sua visione di un Sudafrica libero e democratico.

Contributi e risultati che hanno avuto un impatto sul mondo:

Il contributo più importante di Nelson Mandela è stata la sua leadership nella lotta contro l'apartheid e il suo ruolo nella transizione pacifica del Sudafrica alla democrazia. Dopo il suo rilascio dal carcere nel 1990, Mandela ha svolto un ruolo cruciale nei negoziati per la fine dell'apartheid ed è diventato il primo presidente nero del Sudafrica nel 1994.

Eredità e impatto duraturo:

L'eredità di Nelson Mandela è caratterizzata dalla sua instancabile lotta per la giustizia e l'uguaglianza. La sua leadership ha ispirato persone in tutto il mondo ed è diventata un simbolo di resistenza pacifica e riconciliazione. La sua attenzione alla riconciliazione nazionale e alla promozione dell'unità e dell'uguaglianza razziale ha contribuito a scongiurare una guerra civile e a gettare le basi per la costruzione di un Sudafrica democratico e multiculturale.

Mandela ha ricevuto numerosi premi e riconoscimenti internazionali, tra cui il Premio Nobel per la pace nel 1993, in riconoscimento del suo contributo alla risoluzione pacifica del conflitto in Sudafrica. La sua eredità continua a ispirare leader e attivisti di tutto il mondo nella lotta per la giustizia sociale e i diritti umani.

Socrate

Era un filosofo greco vissuto ad Atene nel V secolo a.C..

Contesto storico e biografia:

Socrate nacque intorno al 470 a.C. ad Atene, in Grecia, durante un periodo di fioritura culturale e politica noto come l'età dell'oro di Atene. Sebbene non abbia lasciato documenti scritti, la sua filosofia e i suoi insegnamenti sono stati trasmessi attraverso gli scritti dei suoi discepoli, in particolare di Platone.

Vita intima e fatti divertenti:

Per quanto riguarda la sua vita intima, Socrate era sposato con Jantipa e da lei ebbe tre figli. Si dice che il loro matrimonio fosse anticonvenzionale e che Jantipa fosse una donna di temperamento. Inoltre, Socrate ebbe rapporti stretti e duraturi con molti dei suoi discepoli, tra cui Platone.

Tra i fatti interessanti su Socrate c'è il suo stile di insegnamento, noto come "metodo socratico", che si basava sul porre domande e sfidare le credenze consolidate. A lui è attribuita anche la frase "So solo di non sapere nulla", che riflette la sua umiltà intellettuale e la sua costante ricerca della conoscenza.

Influenze ed esperienze chiave nella sua vita:

Socrate fu influenzato da vari pensatori e correnti filosofiche del suo tempo, come i sofisti e la filosofia di Eraclito e Parmenide. Tuttavia, fu l'incontro con l'Oracolo di Delfi e la sua interpretazione del suo messaggio, che lo designava come l'uomo più saggio di Atene, a portarlo a mettere in discussione le credenze e le conoscenze consolidate.

Contributi e risultati che hanno avuto un impatto sul mondo:

Socrate non ha lasciato opere scritte, ma il suo metodo di indagine e la sua attenzione alla ricerca della verità e della conoscenza hanno avuto un impatto significativo sulla filosofia occidentale. Il suo stile di insegnamento e la sua insistenza nell'esaminare le credenze e mettere in discussione le ipotesi hanno gettato le basi del pensiero critico e della filosofia sistematica.

Inoltre, Socrate era un sostenitore dell'etica e della virtù. Credeva nell'importanza dell'autoriflessione e dell'autodisciplina per raggiungere l'eccellenza morale. Le sue discussioni sulla giustizia, sulla virtù e sulla natura dell'essere umano hanno influenzato generazioni di filosofi successivi.

Eredità e impatto duraturo:

L'eredità di Socrate risiede nella sua attenzione alla ricerca della verità e della virtù, oltre che nel suo metodo di indagine. Sebbene sia stato condannato a morte per aver "corrotto la gioventù" e "non aver riconosciuto gli dei della città", la sua figura e i suoi insegnamenti hanno resistito nei secoli.

Socrate ha gettato le basi per lo sviluppo della filosofia occidentale ed è stato una figura influente nel pensiero filosofico fino ad oggi. I suoi insegnamenti e il suo metodo di indagine sono stati studiati e discussi dai filosofi di tutti i secoli e la sua attenzione alla conoscenza di sé, all'etica e alla ricerca della verità continua a essere rilevante nella filosofia contemporanea.

Galileo Galilei

È stato uno scienziato italiano vissuto tra il XVI e il XVII secolo.

Contesto storico e biografia:

Galileo Galilei nacque il 15 febbraio 1564 a Pisa, in Italia, in un'epoca nota come Rinascimento. Fu contemporaneo di grandi figure come Leonardo da Vinci e Michelangelo. Galileo si distinse come astronomo, fisico e matematico ed è considerato uno dei padri della scienza moderna.

Vita intima e fatti divertenti:

Per quanto riguarda la sua vita intima, Galileo era celibe e si dedicava interamente agli studi e alla carriera scientifica. Tuttavia, ebbe tre figli illegittimi da Marina Gamba, una donna veneziana con cui ebbe una relazione per molti anni.

Tra le curiosità su Galileo ricordiamo l'invenzione del telescopio astronomico, con il quale fece importanti osservazioni del cielo e scoprì fenomeni come le lune di Giove. A lui si deve anche la formulazione della legge della caduta dei corpi e lo studio della cinematica.

Influenze ed esperienze chiave nella sua vita:

Galileo fu influenzato dalla filosofia naturale dell'antica Grecia, in particolare dalle idee di Archimede e Copernico. I suoi studi e le sue osservazioni in campo astronomico e fisico lo portarono a sfidare le credenze tradizionali e a mettere in discussione il sistema geocentrico, secondo il quale la Terra era al centro dell'universo.

Contributi e risultati che hanno avuto un impatto sul mondo:

Galileo fece numerose scoperte e contributi significativi alla scienza. Le sue osservazioni astronomiche sostengono la teoria eliocentrica di Copernico, secondo la quale i pianeti ruotano intorno al sole. La sua difesa di questa teoria e il suo confronto con la Chiesa cattolica lo portarono a essere processato per eresia e condannato agli arresti domiciliari per il resto della sua vita.

Galileo gettò anche le basi del moderno metodo scientifico, promuovendo la sperimentazione, l'osservazione e la formulazione di ipotesi come strumenti per la comprensione del mondo naturale. Anche il suo approccio all'applicazione della matematica alla fisica fu rivoluzionario e aprì nuove porte allo studio dei fenomeni naturali.

Eredità e impatto duraturo:

L'eredità di Galileo risiede nel suo contributo alla rivoluzione scientifica e nella sua difesa della libertà di pensiero e dell'autonomia della scienza. La sua lotta per stabilire il primato dell'evidenza scientifica e dell'osservazione empirica ha gettato le basi del pensiero scientifico moderno e ha avuto un impatto duraturo sullo sviluppo della scienza e della società.

I suoi contributi includono il perfezionamento del telescopio, l'osservazione delle fasi di Venere e delle lune di Giove e la formulazione della legge della caduta dei corpi. Inoltre, il suo approccio al metodo scientifico, basato sulla sperimentazione e sull'osservazione, ha gettato le basi della scienza moderna e ha avuto un impatto duraturo sullo sviluppo di discipline come la fisica e l'astronomia.

L'eredità di Galileo va oltre le sue scoperte scientifiche. La sua difesa dell'autonomia della scienza e la sua lotta per la libertà intellettuale hanno gettato le basi del pensiero scientifico moderno e della separazione tra religione e scienza. Il suo coraggio e la sua perseveranza hanno ispirato le generazioni successive di scienziati e di sostenitori della ragione e della conoscenza basata sull'evidenza.

Henry Ford

Nato il 30 luglio 1863 nella contea di Wayne, Michigan, e morto il 7 aprile 1947 a Dearborn, Michigan, è stato un uomo d'affari americano e pioniere dell'industria automobilistica.

Per quanto riguarda la sua vita privata, Ford sposò Clara Ford nel 1888, dalla quale ebbe un figlio di nome Edsel Ford. Per quanto riguarda la sua vita intima, non sono disponibili molti dettagli, poiché non è ampiamente documentata.

Ford visse in un contesto storico in cui l'industria e la tecnologia stavano vivendo una rapida crescita. Fu influenzato dallo sviluppo della tecnologia automobilistica e dalla crescente domanda di trasporto personale. Sperimentò idee e approcci diversi per migliorare la produzione di automobili.

I suoi contributi e risultati più importanti riguardano l'industria automobilistica. Ford fu il fondatore della Ford Motor Company nel 1903 e gli si attribuisce il merito di aver introdotto la catena di montaggio nella produzione di massa di automobili. Il suo popolare modello di auto, la Ford T, rivoluzionò il settore e divenne la prima automobile accessibile alla classe operaia americana.

L'eredità di Henry Ford va ben oltre l'industria automobilistica. La sua attenzione per una produzione efficiente e di massa ha gettato le basi per la produzione di massa in una serie di settori. Inoltre, la sua visione di rendere le automobili accessibili alle masse ha trasformato la mobilità e cambiato il modo di spostarsi delle persone.

Tuttavia, Ford è stato anche criticato per le sue posizioni e azioni controverse, come l'antisemitismo e il sostegno a movimenti politici e sociali discutibili.

In breve, Henry Ford è stato un imprenditore visionario che ha rivoluzionato l'industria automobilistica e ha lasciato un impatto duraturo sulla produzione di massa e sulla mobilità. La sua eredità si trova sia nel mondo degli affari che nella società, ma è anche ricordata per le sue opinioni e azioni controverse.

William Shakespeare

È stato un famoso drammaturgo e poeta inglese vissuto tra il XVI e l'inizio del XVII secolo.

Contesto storico e biografia:

Shakespeare nacque a Stratford-upon-Avon, in Inghilterra, nel 1564. La sua epoca, nota come Rinascimento inglese, fu un periodo di fioritura culturale e artistica in Inghilterra. Shakespeare visse durante il regno della regina Elisabetta I e quello successivo di re Giacomo I. Fu contemporaneo di personaggi come Francis Bacon e Miguel de Cervantes.

Vita intima e fatti divertenti:

Shakespeare sposò Anne Hathaway nel 1582 e insieme ebbero tre figli. Tuttavia, si sa molto poco della sua vita intima e dei dettagli specifici del suo rapporto con la moglie.

Per quanto riguarda le curiosità, Shakespeare ha scritto circa 39 opere, tra cui tragedie, commedie, storie e sonetti. Inoltre, si ritiene che abbia inventato circa 1.700 parole inglesi, molte delle quali sono utilizzate ancora oggi.

Influenze ed esperienze chiave nella sua vita:

Le influenze di Shakespeare erano varie e comprendevano sia la letteratura classica, come le opere di Plutarco e Ovidio, sia le tradizioni teatrali popolari del suo tempo. Anche la sua esperienza come attore e drammaturgo nella compagnia teatrale dei Lord Chamberlain's Men influenzò il suo stile di scrittura e la sua comprensione del dramma.

Contributi e risultati che hanno avuto un impatto sul mondo:

Le opere di Shakespeare hanno avuto un impatto significativo sulla letteratura e sul teatro di tutto il mondo. Le sue opere esplorano una vasta gamma di temi universali come l'amore, il tradimento, l'ambizione e la natura umana. I suoi personaggi complessi e i suoi dialoghi poetici sono stati oggetto di studio e di ammirazione nel corso dei secoli.

Tra le sue opere più note ricordiamo "Romeo e Giulietta", "Amleto", "Macbeth", "Otello" e "Sogno di una notte di mezza estate". La sua capacità di catturare le emozioni e i conflitti umani nelle sue opere lo rende uno dei più importanti drammaturghi di tutti i tempi.

Eredità e impatto duraturo:

L'eredità di Shakespeare vive ancora oggi. Le sue opere sono ancora rappresentate nei teatri di tutto il mondo e sono state adattate in varie forme d'arte, come il cinema e la televisione. I suoi personaggi e le sue frasi iconiche hanno lasciato un segno indelebile nella cultura popolare. Inoltre, Shakespeare ha influenzato molti scrittori e artisti successivi. Il suo stile letterario, la sua padronanza del linguaggio e l'esplorazione di temi universali hanno ispirato generazioni di scrittori e lasciato un segno indelebile nella letteratura e nel teatro.

Thomas Edison

Nato l'11 febbraio 1847 a Milan, Ohio, e morto il 18 ottobre 1931 a West Orange, New Jersey, è stato un inventore e imprenditore americano noto per le sue numerose invenzioni e i suoi contributi nel campo dell'elettricità e dell'illuminazione.

Per quanto riguarda la sua vita privata, Edison si sposò due volte. La prima moglie fu Mary Stilwell, dalla quale ebbe tre figli, ma purtroppo morì nel 1884. In seguito Edison sposò Mina Miller, con la quale ebbe altri tre figli.

Edison visse in un contesto storico segnato dalla rivoluzione industriale e dai progressi tecnologici. Il suo interesse per la scienza e la sperimentazione fu evidente fin dalla più tenera età. Durante la sua vita, Edison ottenne più di mille brevetti, diventando così uno degli inventori più prolifici della storia.

Tra le sue invenzioni più importanti vi sono la lampada a incandescenza, il fonografo e il sistema di distribuzione dell'energia elettrica a corrente continua. Queste invenzioni hanno avuto un impatto significativo sul mondo, migliorando l'illuminazione domestica, rivoluzionando l'industria musicale e fornendo una fonte di energia più efficiente e conveniente.

L'eredità di Thomas Edison si manifesta nel modo in cui l'elettricità e l'illuminazione hanno trasformato la nostra vita. I suoi contributi hanno gettato le basi per lo sviluppo dell'industria elettrica e della tecnologia moderna. Inoltre, Edison ha stabilito il concetto di laboratori di ricerca e sviluppo, definendo un modello per l'innovazione tecnologica.

È importante ricordare che la figura di Edison è stata anche oggetto di dibattiti e controversie. Alcune sue pratiche commerciali e il suo rapporto con altri inventori sono stati messi in discussione. È stato discusso anche il ruolo di altri inventori, come Nikola Tesla, nello sviluppo di alcune invenzioni attribuite a Edison.

In breve, Thomas Edison è stato un inventore e un imprenditore le cui invenzioni nel campo dell'elettricità e dell'illuminazione hanno avuto un impatto duraturo sul mondo. La sua eredità risiede nel modo in cui l'elettricità ha trasformato la società moderna. Se da un lato la sua figura è riconosciuta, dall'altro il suo ruolo e alcune delle sue pratiche sono state oggetto di dibattito e discussione.

Napoleone Bonaparte

Fu un importante leader militare e politico francese che ebbe un ruolo cruciale nella storia europea.

Contesto storico e biografia:

Napoleone Bonaparte nacque il 15 agosto 1769 in Corsica, un'isola del Mediterraneo che allora faceva parte del Regno di Francia. In gioventù si distinse per l'educazione militare e si arruolò nell'esercito francese durante la Rivoluzione francese. Sfruttando le opportunità che si presentarono durante questo periodo di sconvolgimenti politici e militari, Napoleone scalò rapidamente i ranghi dell'esercito e divenne un leader di spicco.

Vita intima e fatti divertenti:

Napoleone si sposò più volte. La moglie più famosa fu Josephine de Beauharnais, che sposò nel 1796. Tuttavia, il loro matrimonio si scontrò con delle difficoltà e alla fine divorziarono nel 1809. Napoleone sposò poi Maria Luisa d'Austria nel 1810, dalla quale ebbe un figlio che divenne re di Roma.

Influenze ed esperienze chiave della sua vita:

Napoleone fu influenzato dalle idee della Rivoluzione francese e divenne un sostenitore del repubblicanesimo. La sua carriera militare e le sue vittorie sul campo di battaglia gli procurarono fama e potere. La sua esperienza in guerra gli fornì abilità strategiche e tattiche che gli permisero di espandere il suo impero e di esercitare il dominio politico su gran parte dell'Europa.

Contributi e risultati che hanno avuto un impatto sul mondo:

Durante il suo governo, Napoleone diede numerosi contributi e risultati significativi. Tra i più importanti ricordiamo:

Il Codice Napoleonico: introdusse un sistema giuridico moderno e unificato, noto come Codice Civile Napoleonico, che gettò le basi per i moderni sistemi giuridici di molti Paesi.

Espansione dell'Impero francese: Napoleone condusse una serie di campagne militari di successo che portarono all'espansione dell'Impero francese e all'incorporazione di diversi territori sotto il suo dominio.

Modernizzazione dell'amministrazione: attuò riforme amministrative in Francia e nei territori conquistati, migliorando l'efficienza e la centralizzazione del governo.

Promozione dell'istruzione e della cultura: promosse l'istruzione pubblica, fondò numerose scuole e accademie e sostenne le arti e le scienze.

Eredità e impatto duraturo:

L'eredità di Napoleone è complessa e controversa. Da un lato, le sue conquiste e riforme hanno modernizzato e trasformato l'Europa sotto molti aspetti. Tuttavia, la sua ambizione imperiale e il suo stile di leadership autoritario portarono anche a guerre e conflitti di massa che causarono sofferenze umane e la perdita di innumerevoli vite.

Charles Darwin

È stato un importante scienziato inglese noto per i suoi contributi rivoluzionari al campo della biologia e alla teoria dell'evoluzione.

Contesto storico e biografia:

Charles Darwin nacque il 12 febbraio 1809 in Inghilterra. Visse in un'epoca di grandi progressi scientifici e sociali, nota come età vittoriana. Studiò medicina e teologia, ma la sua passione per la storia naturale lo portò a intraprendere un viaggio di esplorazione sull'HMS Beagle. Durante questo viaggio di cinque anni intorno al mondo, Darwin fece osservazioni e raccolse dati che avrebbero gettato le basi per le sue idee sull'evoluzione.

Vita intima e fatti divertenti:

Charles Darwin sposò Emma Wedgwood nel 1839 e insieme ebbero dieci figli. Darwin era noto per essere stato un devoto padre di famiglia e si preoccupava molto del benessere della moglie e dei figli. Soffriva anche di problemi di salute cronici e passò gran parte della sua vita a confrontarsi con vari disturbi.

Influenze ed esperienze chiave della sua vita:

L'influenza principale sulla vita di Darwin fu il viaggio a bordo della HMS Beagle. Durante questa spedizione visitò varie regioni del mondo, osservò la diversità delle specie e si interessò di geologia e storia naturale. Le osservazioni fatte durante il viaggio e gli studi successivi condotti sulla base delle sue scoperte furono fondamentali per lo sviluppo della sua teoria dell'evoluzione.

Contributi e risultati che hanno avuto un impatto sul mondo:

Il risultato più importante di Darwin è stata la formulazione della teoria dell'evoluzione attraverso la selezione naturale. La sua opera più influente, "L'origine delle specie", pubblicata nel 1859, presenta la sua teoria secondo cui tutte le specie si evolvono nel tempo attraverso un processo di selezione naturale, in cui gli organismi con caratteristiche vantaggiose hanno maggiori probabilità di sopravvivere e riprodursi.

Eredità e impatto duraturo:

La teoria dell'evoluzione di Darwin ha avuto un impatto significativo sulla scienza e sulla comprensione della vita sulla Terra. Il suo lavoro ha messo in discussione le idee tradizionali sulla creazione divina e ha gettato le basi della biologia moderna. Il darwinismo, come viene comunemente chiamata la sua teoria, ha influenzato un'ampia gamma di discipline, tra cui la biologia, la genetica, l'antropologia e la psicologia evolutiva. L'eredità di Darwin ha avuto anche implicazioni sociali e culturali. Ha generato dibattiti sul rapporto tra scienza e religione, nonché su questioni etiche e morali legate alla vita e alla diversità delle specie. La sua attenzione alle prove scientifiche, all'osservazione e alla sperimentazione ha costituito un importante precedente per la ricerca scientifica in generale.

Adolf Hitler

È stato un politico tedesco che ha guidato il partito nazista e ha svolto un ruolo centrale nell'avvio e nello sviluppo della Seconda Guerra Mondiale. Sebbene io possa fornire informazioni sul suo contesto storico, sulla sua biografia e su alcuni aspetti della sua vita personale, è importante notare che discutere della sua vita intima e di fatti divertenti potrebbe risultare offensivo a causa degli orribili crimini e delle atrocità commessi durante il suo regime. Pertanto, mi concentrerò sul fornire fatti oggettivi sulla sua vita e sulla sua eredità:

Contesto storico e biografia:

Adolf Hitler nacque il 20 aprile 1889 a Braunau am Inn, in Austria. Da giovane si trasferì in Germania e si iscrisse al Partito dei Lavoratori Tedeschi, che in seguito sarebbe diventato il Partito Nazionalsocialista dei Lavoratori Tedeschi (nazista). Hitler divenne leader del partito nel 1920 e consolidò rapidamente il suo potere e la sua leadership nella Germania dell'epoca.

Vita intima e fatti divertenti:

Hitler è stato brevemente sposato con Eva Braun, che è stata la sua compagna per diversi anni. La coppia si sposò in un bunker di Berlino il 29 aprile 1945, poco prima che entrambi si suicidassero. Per quanto riguarda i fatti divertenti, è importante notare che discutere di aspetti banali della vita di Hitler può minimizzare la gravità delle sue azioni e delle sofferenze causate dal suo regime.

Influenze ed esperienze chiave nella sua vita:

Hitler fu profondamente influenzato dall'ideologia antisemita, dal nazionalismo estremo e dal darwinismo sociale, tra gli altri elementi. Il periodo trascorso a Vienna, dove si interessò alla politica e alle idee radicali, nonché l'esperienza vissuta durante la Prima Guerra Mondiale, influenzarono la sua visione del mondo e il suo desiderio di riportare la Germania alla grandezza.

Contributi e risultati che hanno avuto un impatto sul mondo:

L'impatto di Hitler sul mondo fu devastante. Sotto la sua guida, la Germania scatenò la Seconda guerra mondiale, che causò la morte di milioni di persone e la distruzione di massa di città e nazioni. Inoltre, Hitler fu responsabile dell'Olocausto, il genocidio sistematico e la persecuzione di milioni di ebrei e di altri gruppi considerati "indesiderabili" dal regime nazista.

Eredità e impatto duraturo:

L'eredità di Hitler è uno degli episodi più oscuri della storia moderna. Il suo regime nazista e le sue politiche razziste e totalitarie hanno lasciato un segno indelebile nel mondo. Le atrocità commesse durante il suo governo servono a ricordare i pericoli del bigottismo, dell'intolleranza e dell'abuso di potere. L'Olocausto e la Seconda guerra mondiale hanno avuto un impatto duraturo sulla coscienza globale e hanno portato a una maggiore attenzione ai diritti umani e alla prevenzione delle atrocità nel mondo di oggi.

Mao Zedong

È stato un leader politico e rivoluzionario cinese che ha svolto un ruolo fondamentale nella fondazione della Repubblica Popolare Cinese e nella formazione del suo governo comunista. Di seguito, vi fornirò informazioni sul suo contesto storico e sulla sua biografia, su alcune influenze chiave sulla sua vita, sui suoi contributi e sui suoi successi, nonché sulla sua eredità e sul suo impatto duraturo. Tuttavia, vi prego di notare che discutere della sua vita intima e degli aspetti più banali potrebbe essere limitato a causa della disponibilità di informazioni e della complessità del suo regime:

Contesto storico e biografia:

Mao Zedong nacque il 26 dicembre 1893 a Shaoshan, in Cina. Visse in un periodo di grandi sconvolgimenti politici e sociali, segnato dalla caduta della dinastia Qing e dalla lotta per il potere in Cina. Mao si impegnò presto nelle attività rivoluzionarie e divenne uno dei leader del Partito Comunista Cinese.

Vita intima e fatti divertenti:

Mao Zedong si sposò più volte durante la sua vita. La moglie più nota fu Jiang Qing, che ebbe un ruolo di primo piano durante la Rivoluzione culturale. Per quanto riguarda i fatti divertenti, Mao era noto per essere un appassionato nuotatore e amava la poesia e la lettura.

Influenze ed esperienze chiave della sua vita:

Mao Zedong fu influenzato da diverse idee ed esperienze nel corso della sua vita. Si ispirò al comunismo e alla lotta di classe promossa da Karl Marx e alle teorie rivoluzionarie di Vladimir Lenin. Inoltre, le esperienze vissute da Mao durante la lotta rivoluzionaria e la guerra civile cinese hanno plasmato la sua ideologia e il suo approccio politico.

Contributi e risultati che hanno avuto un impatto sul mondo:

Mao Zedong guidò la rivoluzione cinese e istituì la Repubblica Popolare Cinese nel 1949. Sotto la sua guida furono attuate politiche radicali come la collettivizzazione agricola e l'industrializzazione accelerata. Tuttavia, egli fu anche associato alla Grande carestia cinese, che causò la morte di milioni di persone. Inoltre, Mao portò avanti la Rivoluzione culturale, un movimento che ebbe un impatto massiccio sulla società cinese e causò una grande instabilità.

Eredità e impatto duraturo:

L'eredità di Mao Zedong è complessa e soggetta a dibattito. È considerato sia un leader rivoluzionario e patriottico sia un dittatore, responsabile di gravi violazioni dei diritti umani. Il suo regime ha avuto un impatto duraturo sulla Cina e sulla politica mondiale. Mao ha istituito un sistema politico basato sul maoismo e ha gettato le basi del socialismo cinese. Tuttavia, la sua leadership è stata anche oggetto di critiche e controversie a causa degli eccessi e delle conseguenze negative di alcune delle sue politiche.

Gengis Khan

Il suo vero nome era Temujin, fu un capo militare e fondatore dell'Impero mongolo nel XIII secolo. Di seguito, vi fornirò informazioni sul suo contesto storico e sulla sua biografia, su alcune influenze chiave sulla sua vita, sui suoi contributi e successi, nonché sulla sua eredità e sul suo impatto duraturo.

Contesto storico e biografia:

Gengis Khan nacque nel 1162 nelle steppe della Mongolia. A quel tempo, le tribù mongole erano frammentate e in costante conflitto. Gengis Khan riuscì a unificare le tribù sotto la sua guida e fondò l'Impero mongolo, che si espanse dall'Asia centrale all'Europa orientale e all'Asia orientale.

Vita intima e fatti divertenti:

Le informazioni specifiche sulla vita intima di Gengis Khan sono scarse. Si sa che ebbe più mogli e concubine e che gli viene attribuito un gran numero di discendenti. Tuttavia, i dettagli esatti sulla sua vita personale e sulle sue relazioni sono difficili da determinare con precisione.

Influenze ed esperienze chiave della sua vita:

Gengis Khan fu influenzato dalla cultura e dalle tradizioni nomadi delle steppe mongole. Durante la sua giovinezza apprese preziose capacità strategiche e di leadership e fu testimone dei conflitti e delle rivalità tra le tribù. Queste esperienze lo portarono a cercare l'unificazione delle tribù mongole sotto la sua guida.

Contributi e risultati che hanno avuto un impatto sul mondo:

Gengis Khan condusse una serie di campagne militari di successo che portarono alla creazione del vasto impero mongolo. Il suo esercito era noto per la velocità, l'organizzazione e le tattiche innovative. L'impero creato sotto la sua guida divenne uno dei più grandi della storia e la sua eredità si estese per secoli.

Eredità e impatto duraturo:

L'eredità di Gengis Khan è complessa. Da un lato, il suo impero ha promosso il commercio, la comunicazione e lo scambio culturale in Eurasia. Inoltre, attuò politiche che favorirono la pace e la stabilità nelle regioni conquistate. Tuttavia, a lui si attribuiscono anche la distruzione e la violenza associate alle conquiste dell'Impero mongolo.

Dal punto di vista culturale, l'impero di Gengis Khan è stato influente nel diffondere la cultura mongola e nel promuovere gli scambi culturali attraverso le rotte commerciali. Inoltre, il suo impatto militare e politico ha gettato le basi per i successivi imperi dell'Eurasia.

È importante ricordare che le conquiste di Gengis Khan ebbero un costo umano significativo e causarono devastazioni in molte regioni. Tuttavia, la sua leadership e la sua eredità hanno lasciato un segno duraturo nella storia mondiale e nel modo in cui le culture hanno interagito e si sono sviluppate in Eurasia.

Nikola Tesla

È stato un inventore, ingegnere elettrico e scienziato di origine serba vissuto tra il XIX e l'inizio del XX secolo.

Contesto storico e biografia:

Nikola Tesla nacque il 10 luglio 1856 nell'Impero austriaco, che oggi corrisponde alla moderna Croazia. Durante la sua vita fu testimone di importanti scoperte scientifiche e tecnologiche, come l'invenzione dell'elettricità e l'espansione dell'industria elettrica.

Vita intima e fatti divertenti:

Tesla dedicò gran parte della sua vita al lavoro e alla ricerca scientifica, per cui poco si sa della sua vita intima. Non si sa se avesse una moglie o una vita sentimentale di rilievo. Sembra che Tesla abbia condotto una vita austera e concentrata sul suo lavoro.

Influenze ed esperienze chiave della sua vita:

Tesla fu influenzato da inventori e scienziati del suo tempo, come Thomas Edison e Heinrich Hertz. Inoltre, ebbe un'ampia formazione scientifica e tecnica, che gli permise di esplorare varie aree della scienza e di sviluppare un proprio approccio innovativo al campo dell'elettricità.

Contributi e risultati che hanno avuto un impatto sul mondo:

Tesla è noto per i suoi numerosi contributi e invenzioni nel campo dell'elettricità e dell'ingegneria elettrica. Tra i suoi risultati più importanti si annoverano lo sviluppo della corrente alternata (CA), l'invenzione del motore a induzione CA e la costruzione della prima centrale idroelettrica alle cascate del Niagara. Le sue invenzioni hanno gettato le basi per lo sviluppo di sistemi di generazione e distribuzione di energia elettrica su larga scala.

Eredità e impatto duraturo:

L'eredità di Tesla è significativa nel campo della scienza e della tecnologia. I suoi contributi all'elettricità e all'elettrotecnica hanno rivoluzionato il modo in cui l'energia elettrica veniva generata e trasmessa e hanno gettato le basi per lo sviluppo della moderna società industriale. La sua enfasi sulla corrente alternata è stata fondamentale nel campo della trasmissione di energia elettrica a lunga distanza.

Sebbene Tesla non abbia avuto in vita il riconoscimento e il successo finanziario che altri inventori del suo tempo hanno ottenuto, la sua eredità è stata riconosciuta e valorizzata nei decenni successivi alla sua morte. Il suo nome è associato al genio scientifico e il suo lavoro continua a ispirare scienziati, inventori e tecnologi in tutto il mondo. In suo onore è stato istituito il premio internazionale di ingegneria elettrica "Nikola Tesla Award" e il suo nome rimane sinonimo di innovazione e progresso nell'industria elettrica.

Bill Gates

William Henry Gates III, il cui nome completo è William Henry Gates III, è un imprenditore, filantropo e magnate degli affari americano. Di seguito, vi fornirò informazioni sul suo background storico e sulla sua biografia, sulle influenze principali nella sua vita, sui contributi e sui risultati ottenuti, nonché sulla sua eredità e sul suo impatto duraturo. Tuttavia, si prega di notare che le informazioni sulla sua vita intima possono essere limitate a causa della privacy dell'individuo:

Contesto storico e biografia:

Bill Gates è nato il 28 ottobre 1955 a Seattle, Washington, USA. Cresce in una famiglia della classe media e fin da piccolo mostra interesse per la tecnologia e i computer. Gates ha frequentato l'Università di Harvard, dove ha incontrato Paul Allen, con il quale ha poi co-fondato Microsoft.

Vita intima:

Bill Gates ha sposato Melinda French nel 1994. Insieme hanno avuto tre figli. Tuttavia, nel maggio 2021, hanno annunciato il loro divorzio dopo 27 anni di matrimonio.

Influenze ed esperienze chiave della sua vita:

Gates è stato influenzato dalla sua passione per la tecnologia e la programmazione fin dalla più tenera età. L'incontro con Paul Allen all'Università di Harvard è stato determinante per la sua successiva collaborazione nella creazione di Microsoft. Gates è stato anche influenzato dal rapporto con la madre, che lo ha incoraggiato a seguire i suoi interessi e a perseguire i suoi sogni.

Contributi e risultati che hanno avuto un impatto sul mondo:

Bill Gates è conosciuto soprattutto come uno dei fondatori di Microsoft, una delle aziende di software più influenti al mondo. Sotto la sua guida, Microsoft ha sviluppato il sistema operativo Windows, che è diventato una delle piattaforme più utilizzate per i personal computer. Gates ha anche dato un contributo significativo alla filantropia attraverso la Bill and Melinda Gates Foundation, che si dedica ad affrontare problemi globali come la povertà, la salute e l'istruzione.

L'eredità di Bill Gates è significativa nel settore tecnologico e nel campo della filantropia. La sua visione imprenditoriale e la sua leadership in Microsoft hanno contribuito al progresso del personal computing e hanno gettato le basi per lo sviluppo della moderna industria tecnologica. Inoltre, la sua attenzione alla filantropia ha avuto un impatto globale sul miglioramento della salute, dell'istruzione e delle condizioni di vita dei più bisognosi.

Gates è riconosciuto come uno degli imprenditori di maggior successo e dei filantropi più influenti al mondo. La sua attenzione all'uso della tecnologia e delle risorse per affrontare le sfide globali ha lasciato un'eredità duratura e continua a ispirare altri leader aziendali e filantropi a seguire il suo esempio.

Platone

Il suo vero nome era Aristocle, un filosofo greco nato intorno al 427 a.C. ad Atene, in Grecia. È considerato uno dei pensatori più influenti della storia occidentale e uno dei discepoli più importanti di Socrate.

Non si conoscono molti dettagli specifici sulla vita intima e sulle relazioni personali di Platone, poiché le informazioni storiche disponibili si concentrano principalmente sui suoi insegnamenti e scritti filosofici.

Tra le curiosità su Platone, il suo coinvolgimento nella Guerra del Peloponneso e la sua stretta relazione con Socrate, che considerava il suo maestro e la cui morte ebbe un impatto significativo sulla sua vita e sulla sua filosofia.

Influenze ed esperienze chiave della sua vita:

L'influenza principale nella vita di Platone fu il suo maestro Socrate, i cui metodi filosofici e l'approccio alla ricerca della verità ebbero un profondo impatto sul suo pensiero. Un altro aspetto importante della sua vita fu il viaggio in Egitto, dove si ritiene che entrò in contatto con gli insegnamenti dei sacerdoti egizi e con la filosofia e le scienze di quella cultura.

Contributi e risultati che hanno avuto un impatto sul mondo:

Platone fondò l'Accademia di Atene, una delle più importanti istituzioni educative dell'antichità, dove si formarono molti filosofi e pensatori di spicco. I suoi dialoghi filosofici, scritti sotto forma di conversazioni tra personaggi, esplorano un'ampia gamma di argomenti, tra cui etica, politica, metafisica ed epistemologia. La sua opera più famosa è "La Repubblica", dove presenta la sua visione ideale di uno Stato giusto e la teoria delle Idee.

Eredità e impatto duraturo:

L'eredità di Platone risiede nel suo approccio filosofico e nel suo contributo allo sviluppo del pensiero occidentale. Le sue idee sulla realtà, la morale e la giustizia hanno avuto un'influenza duratura sulla filosofia, la politica, la teologia e altre discipline. Inoltre, il suo metodo di dialogo e la sua ricerca della verità sono stati fonte di ispirazione per generazioni di pensatori e studiosi.

Platone ha anche posto le basi per lo studio sistematico della filosofia, stabilendo l'importanza della ragione e dell'analisi critica. La sua opera ha influenzato numerosi filosofi e pensatori nel corso della storia e il suo impatto si estende fino ai giorni nostri.

William Shakespeare

Considerato uno degli scrittori più influenti della letteratura mondiale, visse nel XVI e XVII secolo, durante il periodo noto come Rinascimento inglese. Nacque a Stratford-upon-Avon, in Inghilterra, nell'aprile del 1564 e morì il 23 aprile 1616.

Per quanto riguarda la sua vita privata, Shakespeare sposò Anne Hathaway nel 1582 e insieme ebbero tre figli. Non si conoscono molti dettagli intimi della sua vita, poiché le informazioni disponibili sono limitate. Per quanto riguarda il suo orientamento sessuale, non ci sono documenti conclusivi che indichino le sue preferenze sessuali.

Una curiosità su Shakespeare è che gli vengono attribuite opere di vario genere, come tragedie, commedie, opere storiche e sonetti. Inoltre, si ritiene che abbia contribuito all'espansione del vocabolario inglese, poiché gli viene attribuita la creazione di nuove parole e frasi.

Le principali influenze ed esperienze nella vita di Shakespeare sono oggetto di speculazioni, poiché non è disponibile una biografia dettagliata. Tuttavia, si pensa che abbia avuto accesso a un'istruzione di base in gioventù e che abbia viaggiato a Londra per entrare nel mondo del teatro e della scrittura.

I contributi e i risultati di Shakespeare nella letteratura e nel teatro sono enormi. È l'autore di opere iconiche come "Romeo e Giulietta", "Amleto", "Macbeth" e "Re Lear", tra le tante. Le sue opere sono state tradotte in numerose lingue e vengono tuttora rappresentate nei teatri di tutto il mondo. Shakespeare ha rivoluzionato il teatro del suo tempo introducendo personaggi complessi, trame elaborate e un linguaggio poetico.

L'eredità e l'impatto duraturo di Shakespeare sono innegabili. Le sue opere continuano a essere studiate e rappresentate ancora oggi e la sua influenza sulla letteratura, sul teatro e sulla cultura è incalcolabile. I suoi personaggi, come Romeo, Giulietta, Amleto e Lady Macbeth, sono diventati archetipi e figure iconiche nella storia del teatro. Shakespeare è considerato una delle menti letterarie più brillanti di tutti i tempi e la sua eredità rimane parte integrante della cultura occidentale.

Alexander Graham Bell

Nato il 3 marzo 1847 a Edimburgo, in Scozia, e morto il 2 agosto 1922 a Baddeck, in Nuova Scozia, è stato uno scienziato, inventore ed educatore noto soprattutto per aver inventato il telefono.

Per quanto riguarda la sua vita privata, Bell sposò nel 1877 Mabel Hubbard, dalla quale ebbe quattro figli. Per quanto riguarda la sua vita intima, non sono disponibili molti dettagli sulla sua vita sessuale, poiché non è ampiamente documentata.

Una curiosità su Bell è che, oltre all'invenzione del telefono, si occupò anche di altri campi, come la fonetica e l'aviazione. Fu membro fondatore della National Geographic Society nel 1888 e giocò un ruolo fondamentale nello sviluppo dell'aviazione, lavorando alla progettazione di aeroplani e al miglioramento dei motori aeronautici.

Le influenze e le esperienze chiave nella vita di Alexander Graham Bell includono il suo interesse per la comunicazione e il suono fin dalla più tenera età, nonché il suo lavoro con il linguaggio e la sordità. La madre e la moglie, entrambe sorde, influenzarono la sua dedizione all'invenzione di dispositivi che potessero aiutare i non udenti.

Il risultato più importante di Bell fu l'invenzione del telefono, brevettata nel 1876. Il suo lavoro rivoluzionò la comunicazione a distanza, rendendo possibile la trasmissione della voce umana attraverso i fili. Questa invenzione ebbe un impatto significativo sul mondo, trasformando il modo in cui le persone comunicavano e aprendo nuove possibilità per il commercio, l'istruzione e le relazioni sociali.

L'eredità di Alexander Graham Bell è innegabile. Oltre al telefono, i suoi contributi includono anche progressi in settori quali la telegrafia, l'aviazione, l'istruzione per i non udenti e la tecnologia del suono. Il suo lavoro ha gettato le basi per lo sviluppo delle comunicazioni moderne e la sua influenza sulla tecnologia e sulla società dura ancora oggi.

Giuseppe Stalin

(1878-1953) è stato un politico e leader sovietico che ha governato l'Unione Sovietica con il pugno di ferro per gran parte del XX secolo.

Contesto storico:

Stalin visse in un periodo segnato da importanti eventi storici, come la Rivoluzione russa del 1917 e la Seconda guerra mondiale. Nacque il 18 dicembre 1878 a Gori, in Georgia, che all'epoca faceva parte dell'Impero russo. La sua vita e la sua carriera politica si svolsero in un periodo di intenso fermento sociale e politico in Russia.

Biografia:

Stalin nacque Iosif Vissarionovich Dzhugashvili. Si iscrisse al Partito Comunista dell'Unione Sovietica e divenne uno dei leader di spicco del partito. Stalin esercitò un controllo autoritario e totalitario sul Paese durante il suo mandato come Segretario generale del partito e poi come leader dell'Unione Sovietica.

Vita intima:

Stalin si sposò due volte. La prima moglie, Ekaterina Svanidze, morì nel 1907. In seguito sposò Nadezhda Alliluyeva, dalla quale ebbe due figli. Tuttavia, il loro rapporto coniugale fu teso e Nadezhda si suicidò nel 1932. Si sa poco della vita intima di Stalin, in quanto era una figura molto riservata e la sua privacy era altamente sorvegliata.

Fatti divertenti:

Stalin adottò il cognome "Stalin", che significa "uomo d'acciaio", come nome rivoluzionario.

Era noto per la sua personalità spietata e per la sua capacità di eliminare gli avversari politici attraverso purghe ed esecuzioni.

Stalin era un accanito fumatore e veniva spesso visto con una sigaretta in mano.

Era affascinato dal cinema e gli piacevano i film di Hollywood.

Influenze ed esperienze chiave:

Stalin fu influenzato dal pensiero marxista-leninista e dalla Rivoluzione d'Ottobre del 1917, nella quale ebbe un ruolo importante. Inoltre, il periodo trascorso in prigione e il coinvolgimento in attività rivoluzionarie contribuirono alla sua formazione politica e alla sua determinazione a raggiungere il potere.

Contributi e risultati:

Consolidò il suo potere e instaurò un regime totalitario in Unione Sovietica.

Egli attuò politiche di collettivizzazione agraria, che portarono all'eliminazione delle aziende agricole private e alla formazione di fattorie collettive.

Ha guidato l'accelerazione dell'industrializzazione dell'Unione Sovietica, trasformando il Paese in una potenza industriale.

Ha avuto un ruolo fondamentale nella vittoria dell'Unione Sovietica nella Seconda Guerra Mondiale e nell'espansione del territorio sovietico.

Cleopatra

(69 a.C. - 30 a.C.) fu una regina di origine egiziana che governò l'antico Egitto e giocò un ruolo cruciale negli eventi dell'epoca. Di seguito, vi fornisco informazioni rilevanti sul suo contesto storico, la sua biografia, la sua vita personale, le sue influenze, i suoi contributi e la sua eredità:

Contesto storico:

Cleopatra visse durante il periodo ellenistico, un'epoca in cui l'Egitto era sotto l'influenza della cultura e del dominio macedone-greco. Durante il suo regno, l'Egitto era minacciato dal potente Impero Romano ed era coinvolto in lotte interne per il controllo del trono.

Biografia:

Cleopatra nacque nel 69 a.C. ad Alessandria d'Egitto e apparteneva alla dinastia tolemaica, discendente di Tolomeo I, uno dei generali di Alessandro Magno. Divenne regina all'età di 18 anni e regnò a fianco del fratello Tolomeo XIII. Nel corso della sua vita, Cleopatra ebbe relazioni politiche e sentimentali con importanti leader romani come Giulio Cesare e Marco Antonio.

Vita intima:

Cleopatra sposò il fratello Tolomeo XIII, come era consuetudine nella dinastia tolemaica, ma il loro rapporto fu teso e segnato da lotte di potere. Ebbe una relazione a lungo termine con Giulio Cesare, dal quale ebbe un figlio di nome Cesarione. Dopo la morte di Cesare, Cleopatra si mise con Marco Antonio e insieme ebbero tre figli. Cleopatra e Marco Antonio si suicidarono nel 30 a.C. dopo essere stati sconfitti da Ottaviano, il futuro imperatore Augusto.

Fatti divertenti:

Cleopatra parlava diverse lingue, tra cui l'egiziano, il greco e il latino.

Era nota per la sua bellezza e per la sua capacità di sedurre uomini potenti.

Le viene attribuito il merito di aver utilizzato elaborate tecniche di trucco e profumi per aumentare la sua attrattiva.

Cleopatra fu un'accorta politica e diplomatica e usò il suo fascino e le sue capacità per mantenere il potere in un contesto politico instabile.

Influenze ed esperienze chiave:

Cleopatra fu influenzata dalla cultura greca e dall'eredità di Alessandro Magno, oltre che dalle tensioni politiche e militari nel Mediterraneo orientale.

Le sue esperienze comprendono la lotta per il trono egiziano, le alleanze politiche e i rapporti con i leader romani.

Contributi e risultati:

Cleopatra fu una governante intelligente e astuta che mantenne il controllo del trono egiziano per diversi decenni in un periodo di crescente influenza romana.

Svolse un ruolo fondamentale nella politica e nella diplomazia del suo tempo, stringendo alleanze e trattati per mantenere l'indipendenza dell'Egitto.

I suoi rapporti con influenti leader romani, come Giulio Cesare e Marco Antonio, gli permisero di esercitare un'influenza sugli affari politici e militari del mondo.

Karl Marx

È stato un filosofo, economista, sociologo e rivoluzionario tedesco, noto soprattutto come autore del "Manifesto comunista" e di "Das Kapital".

Contesto storico e biografia:

Karl Marx nacque il 5 maggio 1818 a Treviri, nell'attuale Germania. Visse in un'epoca di cambiamenti e sconvolgimenti sociali, segnata dalla rivoluzione industriale e dall'ascesa del capitalismo. Marx si interessò fin da giovane alla filosofia, alla politica e all'economia, diventando un feroce critico del sistema capitalistico e un sostenitore del socialismo.

Moglie e vita intima:

Marx sposò Jenny von Westphalen nel 1843 e insieme ebbero sette figli. Jenny fu una compagna fedele e sostenne attivamente il lavoro intellettuale di Marx. Sebbene la famiglia Marx abbia dovuto affrontare difficoltà economiche per gran parte della sua vita, Jenny fu una presenza costante e solidale per Karl.

Fatti divertenti:

Marx visse gran parte della sua vita in esilio a causa delle sue attività politiche. Trascorse diversi anni a Parigi e a Bruxelles prima di stabilirsi a Londra, dove visse fino alla morte, avvenuta nel 1883. Durante la sua vita, Marx ebbe difficoltà finanziarie e fece molto affidamento sul sostegno finanziario del suo amico e collaboratore Friedrich Engels.

Influenze ed esperienze chiave della sua vita:

Le idee di Marx furono influenzate da filosofi come Georg Wilhelm Friedrich Hegel e Ludwig Feuerbach, oltre che dai movimenti operai e socialisti del suo tempo. Si interessò anche allo studio del materialismo storico e dell'economia politica, influenzando il suo approccio critico al capitalismo e la sua visione di una società comunista.

Contributi e risultati che hanno avuto un impatto sul mondo:

Marx è noto per la sua teoria del materialismo storico e per la sua analisi critica del capitalismo. Le sue opere, come "Il manifesto comunista" e "Il capitale", hanno influenzato il pensiero politico ed economico e sono state fondamentali per lo sviluppo del movimento comunista e socialista in tutto il mondo.

Eredità e impatto duraturo:

L'eredità di Marx ha avuto un profondo impatto sulla politica, sull'economia e sulla società in generale. Le sue idee hanno influenzato numerosi movimenti sociali e politici nel corso del XX secolo e continuano a essere oggetto di studio e dibattito anche oggi. Il marxismo e il socialismo scientifico basato sulle sue idee hanno avuto un impatto duraturo su diversi Paesi e sulla lotta per la giustizia sociale, l'uguaglianza e l'emancipazione dei lavoratori.

Come ho già detto, l'eredità di Marx è stata soggetta a interpretazioni e critiche nel corso del tempo. Alcuni critici sostengono che le sue idee abbiano portato a regimi totalitari e repressivi nel XX secolo, mentre altri difendono la sua visione dell'uguaglianza sociale e la critica al sistema capitalistico.

Nonostante le diverse interpretazioni, l'impatto di Marx sulla teoria politica ed economica è stato innegabile. Le sue analisi delle contraddizioni insite nel capitalismo, come lo sfruttamento dei lavoratori e le disuguaglianze sociali, hanno portato a importanti dibattiti e hanno influenzato l'evoluzione dell'economia e delle politiche sociali in molti Paesi.

Inoltre, l'approccio marxista ha influenzato la sociologia, l'antropologia e altri campi delle scienze sociali, aiutando a comprendere le dinamiche sociali, le relazioni di potere e le strutture economiche. I suoi contributi teorici sono stati studiati e criticati dagli studiosi e hanno ispirato i movimenti operai, i sindacati e le lotte per la giustizia sociale in tutto il mondo. In breve, Karl Marx ha lasciato un'eredità intellettuale e politica che ha avuto un profondo impatto sulla teoria economica, politica e sociale.

Nicolaus Copernicus

(1473-1543) è stato un astronomo e matematico polacco che ha formulato la teoria eliocentrica del sistema solare, che ha rivoluzionato la nostra comprensione dell'universo.

Contesto storico:

Copernico visse nell'epoca conosciuta come Rinascimento, un periodo di grandi progressi scientifici e culturali. Nacque il 19 febbraio 1473 a Thorn, in Prussia, che all'epoca faceva parte del Regno di Polonia. Il suo lavoro si svolse in un momento di transizione tra la tradizionale concezione geocentrica dell'universo e la rivoluzione scientifica a venire.

Biografia:

Copernico studiò matematica e astronomia presso le università di Cracovia, Bologna e Padova. Nel corso della sua vita lavorò come ecclesiastico, medico e amministratore di proprietà ecclesiastiche. Trascorse la maggior parte della sua vita nella città di Frombork, in Polonia, dove condusse le sue ricerche astronomiche.

Vita intima:

Non si sa molto della vita privata di Copernico, che era un uomo riservato. Non si sposò né ebbe figli. In quanto chierico cattolico, si era impegnato al celibato.

Fatti divertenti:

Copernico era un poliglotta e parlava diverse lingue, tra cui polacco, latino, tedesco, italiano e greco.

Oltre ai suoi contributi all'astronomia, studiò anche medicina, economia e teologia. Copernico era un abile musicista e suonava l'organo.

Influenze ed esperienze chiave:

Le principali influenze sulla vita di Copernico furono le opere degli antichi astronomi greci, come Aristarco di Samo, nonché gli sviluppi scientifici e le discussioni accademiche del suo tempo. Le osservazioni astronomiche di Copernico e il suo interesse a risolvere i principali problemi matematici e astronomici furono fondamentali per lo sviluppo della sua teoria eliocentrica.

Contributi e risultati:

Il contributo principale di Copernico fu la formulazione e la pubblicazione della teoria eliocentrica, che postulava che la Terra ruotasse intorno al Sole anziché essere il centro dell'universo. La sua opera più famosa, "De revolutionibus orbium coelestium" ("Sulle rivoluzioni delle sfere celesti"), fu pubblicata nel 1543, poco prima della sua morte.

La sua teoria mise in discussione la visione geocentrica dell'universo e gettò le basi dell'astronomia moderna proponendo un modello matematico più preciso e coerente.

Copernico sviluppò metodi e tecniche matematiche innovative per calcolare le posizioni e i moti dei pianeti, gettando le basi per il successivo sviluppo del calcolo e della meccanica celeste.

Cristoforo Colombo

Il suo nome completo era Cristoforo Colombo, navigatore ed esploratore genovese noto soprattutto per il suo viaggio transatlantico del 1492, che portò alla scoperta dell'America da parte dell'Europa.

Contesto storico:

Cristoforo Colombo visse durante il Rinascimento, un periodo di grandi progressi intellettuali e scoperte scientifiche in Europa.

Il contesto storico era caratterizzato dall'espansione marittima e dal desiderio di trovare nuove rotte commerciali verso l'Asia.

Biografia:

Colombo nacque a Genova, in Italia, intorno al 1451. Apparteneva a una famiglia di mercanti.

Ha iniziato la sua carriera come marinaio e ha acquisito esperienza nella navigazione e nel commercio marittimo.

Convinto di poter raggiungere l'Asia navigando verso ovest, cercò un sostegno finanziario per la sua spedizione e infine ottenne l'appoggio dei monarchi cattolici di Spagna.

Nel 1492 partì per il suo primo viaggio transatlantico e raggiunse le isole Bahamas, credendo di aver raggiunto l'Asia.

Fece altri viaggi in America, ma non si rese mai conto di aver scoperto un continente completamente nuovo.

Moglie, vita intima e fatti divertenti:

Culón sposò Filipa Moniz Perestrelo nel 1479 ed ebbe un figlio di nome Diego.

Non si conoscono molti dettagli sulla sua vita intima o sugli aspetti personali al di là della sua carriera di esploratore, ma si dice che nelle Americhe fosse molto goloso e fornicasse con gli indigeni.

Un fatto curioso è che Colombo portò con sé nei suoi viaggi un libro intitolato "Imago Mundi", scritto dal geografo Pierre d'Ailly, che influenzò le sue convinzioni sulla forma e sulle dimensioni della Terra.

Contributi e risultati:

La principale conquista di Colombo fu la scoperta dell'America, che ebbe un impatto significativo sulla storia mondiale aprendo una nuova strada verso il continente americano.

Sebbene inizialmente credesse di aver raggiunto l'Asia, la sua scoperta aprì la strada a ulteriori esplorazioni europee e alla colonizzazione delle Americhe.

Colombo contribuì anche alle conoscenze geografiche e cartografiche dell'epoca, anche se le sue idee sulla forma della Terra si rivelarono sbagliate.

Eredità e impatto duraturo:

L'eredità di Cristoforo Colombo è complessa e controversa. Se da un lato è riconosciuto come un eccezionale esploratore, dall'altro è criticato per le conseguenze negative del colonialismo e per l'impatto sulle popolazioni indigene delle Americhe.

La scoperta dell'America da parte di Colombo segnò l'inizio dell'Età delle Scoperte e cambiò la storia del mondo stabilendo un contatto duraturo tra Europa e America.

Colombo divenne un simbolo e una figura di spicco nella storia della Spagna e un'icona dell'esplorazione e della scoperta in generale.